De auteurs ontvingen voor het schrijven van dit boek
een projectsubsidie van het Nederlands Letterenfonds.

Eerste en tweede druk, 2020; derde druk, 2021; vierde druk, 2022

'Goedemorgen' is een bewerking van 'Marc groet 's morgens de dingen' van Paul van Ostaijen.

Vormgeving Marry van Baar

ISBN 978 90 451 2480 3 / NUR 290

Hans & Monique Hagen

Daar ben je

Met tekeningen van

Charlotte Dematons

Amsterdam • Antwerpen
Em. Querido's Uitgeverij
2022

DAAR BEN JE

zo lief
zo zacht
zo klein

je kunt al iets
je kunt te mooi
voor woorden zijn

VAREN

vaar je mee in de boot
vaar je mee met de stroom
vaar je mee
van het een naar het ander
langs tranen en lach
door de wind en het water
dan varen we samen
bij dag en bij nacht
dan varen we samen naar later

LEKKER LUIEREN

luier uit luier aan
kakkiepoep kakkiepies
luier schoon luier vies
luier uit luier aan
en dan weer van voor af aan

luier uit luier aan
kakkiepoep kakkiepies
luier schoon luier vies
luier uit luier aan
en dan weer
en dan weer
en dan weer van voor af aan

SUJA SWITI

honger dorst
een vieze luier
tanden buikpijn
groot verdriet

suja switi
waarom huil je
ik weet het niet
ik weet het niet

kon je maar vast praten
zeggen wat je wil
suja switi suja
kon je het maar vertellen
dan werd je wel stil

IK DRAAG JE

ik draag je in mijn armen
door de kamer
door de keuken
door de gang

ik draag je door de wereld
ik draag je tot de slaap je draagt
droom maar kindje
slaap maar
slaap maar lekker lang

GOEDEMORGEN

dag baby met het boek
in de box in de hoek
koek koek
dag kopje op de vloer
dag kopje van de kat
dag spring-pak-poes met de muis
dag spring-pak-poes met de staart
kat en kopje
en de spring-pak-poes
goeiendag

DAA-AG MUIS
dag wegge muis
dag klein muizelijn mijn

KANGOEROE

daar komt de kangoeroe

óp
en
neer
hóp
en
weer
nóg
een
keer
óp

ze stuitert naar je toe
ze springt nog hoger dan het dak

en
neer

hóp
en
weer

nóg
een
keer

samen met haar kangoeroetje
baby in een trappelzak

ZOEKEN

zoeken zoeken zonneschijn
waar zou het slimme hondje zijn
woef woef wáf

zoeken zoeken maneschijn
waar zou het wollen schaapje zijn
bèèh bèèh mèèh

zonneschijn maneschijn
waar zou mijn eigenwijsje zijn
woeste wind en sterrenregen
waar o waar kom ik jou tegen
kiele kiele híer

BANANA

wat wil je eten
stukje brood
hapje fruit
of wil je pap

nana nana
nana nana

ik hoor het al
ik kan je verstaan
banana nana

jij wilt een banaan

DOBBEREN

drup drup spiegelglad
dobberdeinen in het bad

klaterwater spatterspel
golfjes glijden langs je vel

rimpelwater wiegelwarm
zo mag het altijd blijven
in de holte van mijn arm
zachtjes dobberdrijven

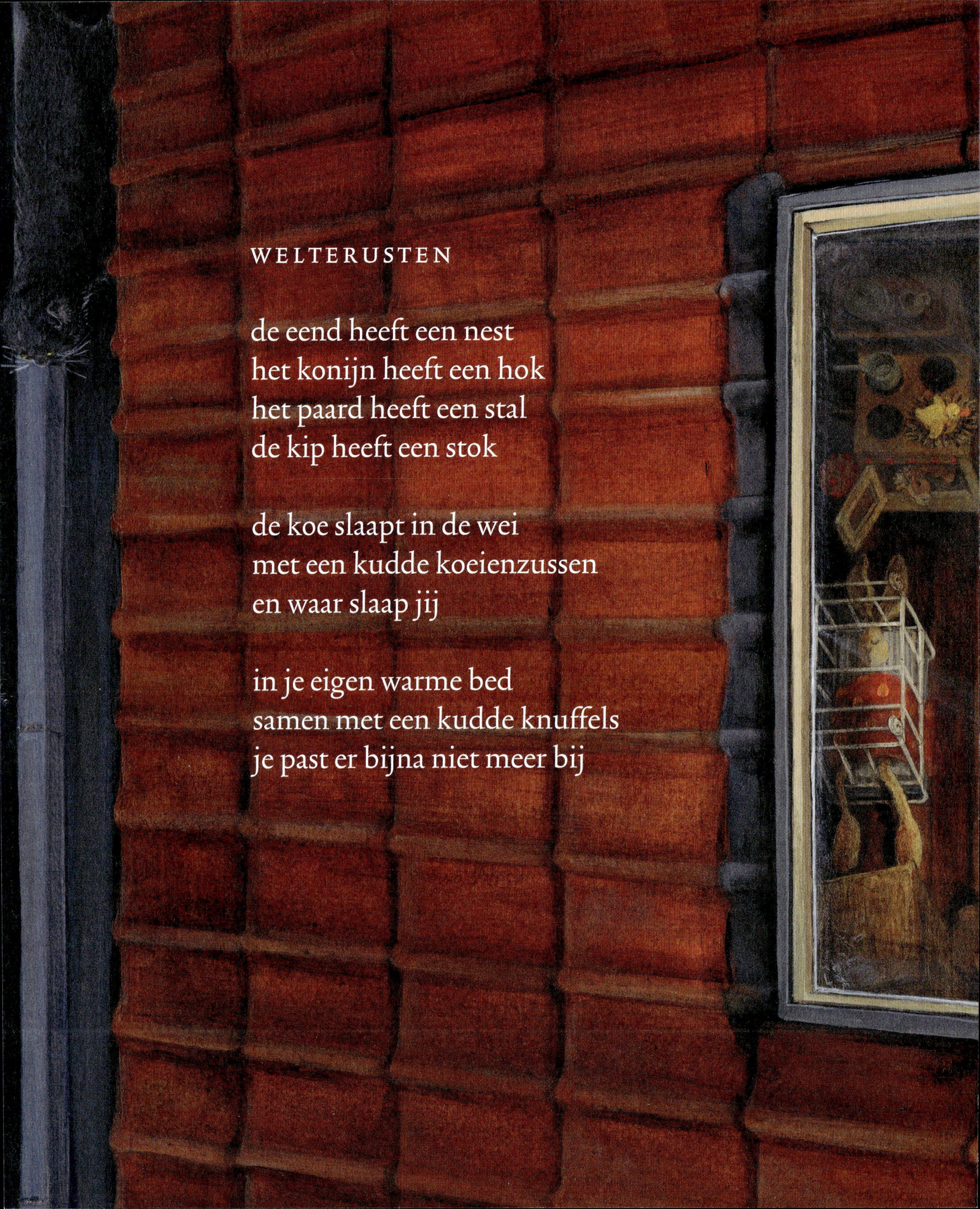

WELTERUSTEN

de eend heeft een nest
het konijn heeft een hok
het paard heeft een stal
de kip heeft een stok

de koe slaapt in de wei
met een kudde koeienzussen
en waar slaap jij

in je eigen warme bed
samen met een kudde knuffels
je past er bijna niet meer bij

FLUISTERLIED

baby baby wees niet bang
als het licht is overdag niet
in het donker in het zwart niet

luister naar mijn fluisterlied
luister stil
ik zing het zacht
ik ben altijd heel dicht bij je

altijd altijd
dag en nacht
altijd altijd
dag en nacht
altijd altijd
dag en nacht
altijd altijd
dag en nacht
altijd altijd
dag en nacht
altijd altijd
dag en nacht
altijd altijd
dag en nacht
altijd altijd
dag en nacht